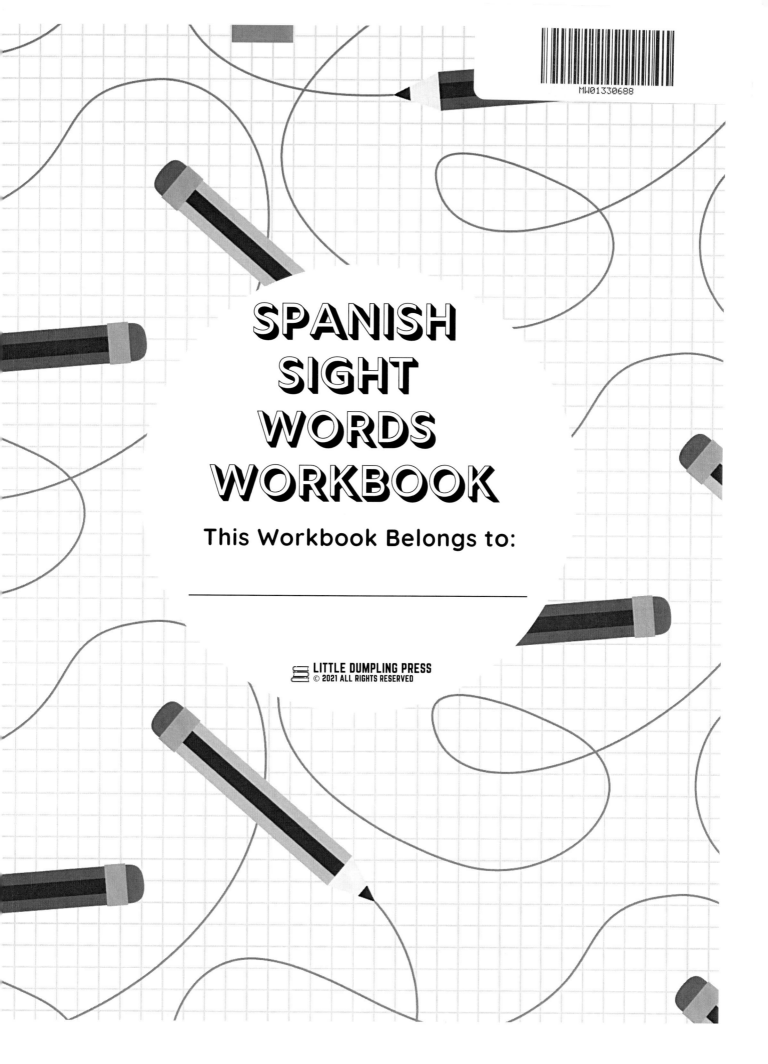

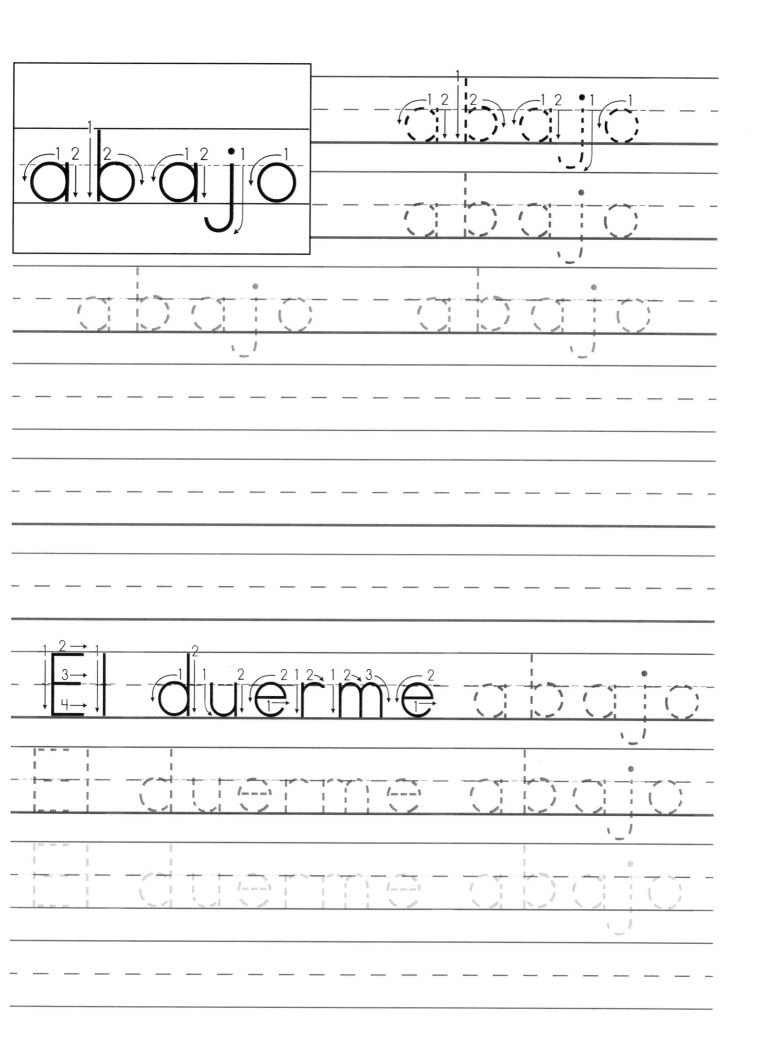

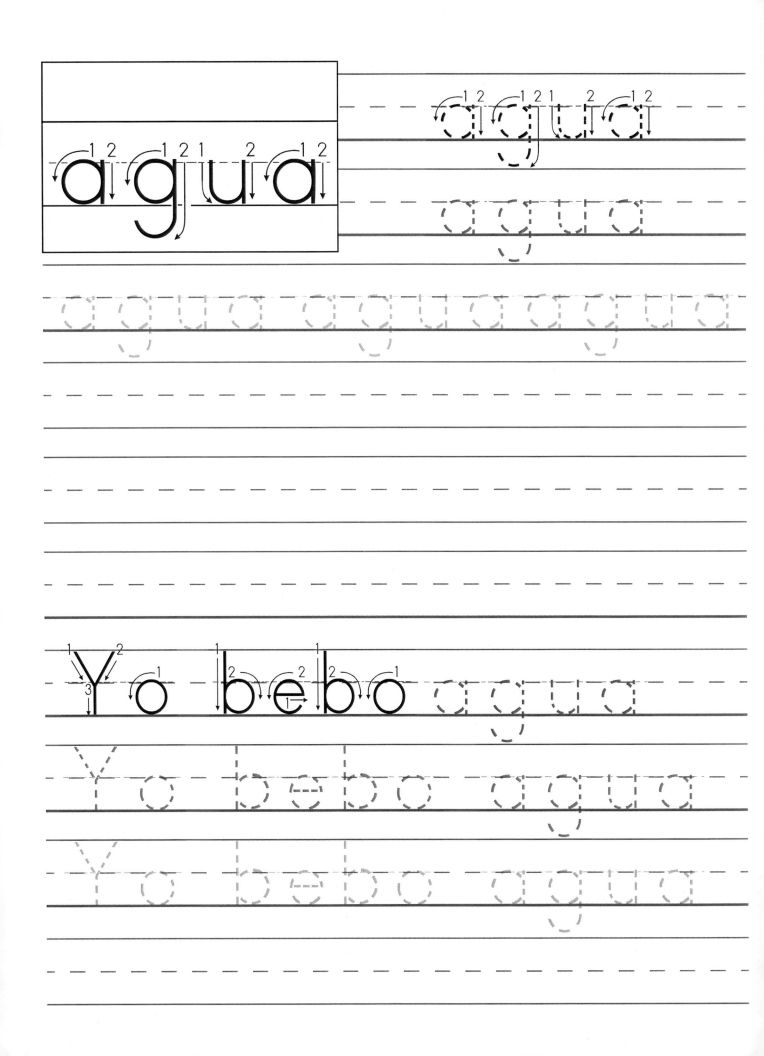

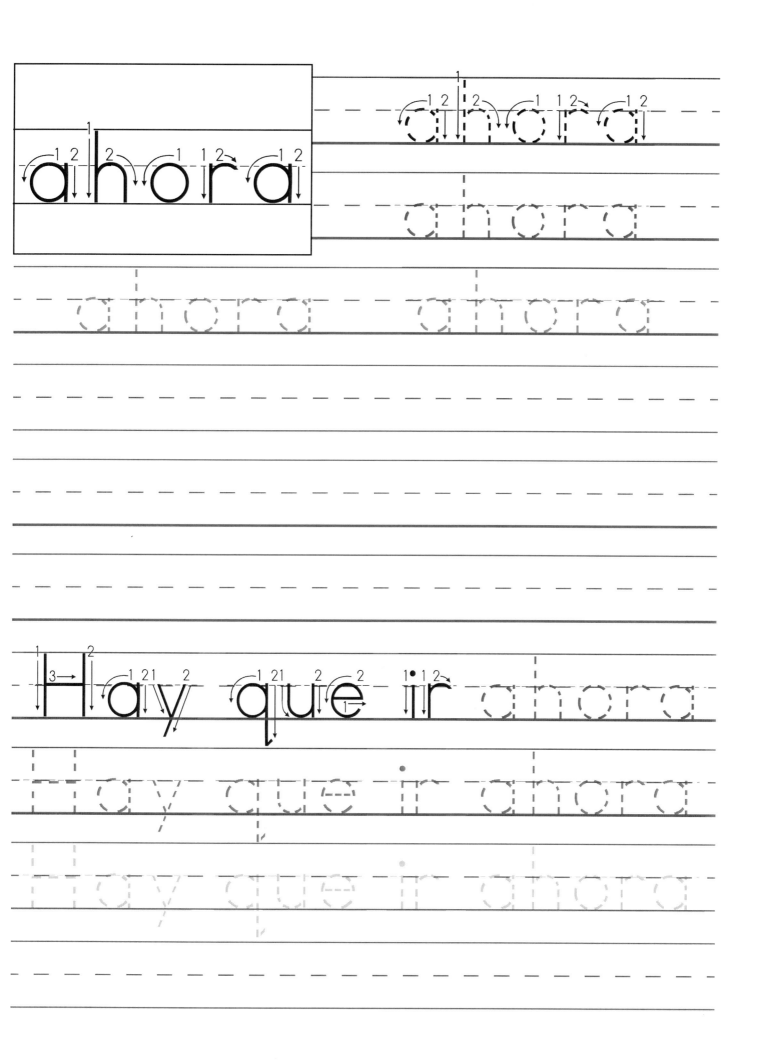

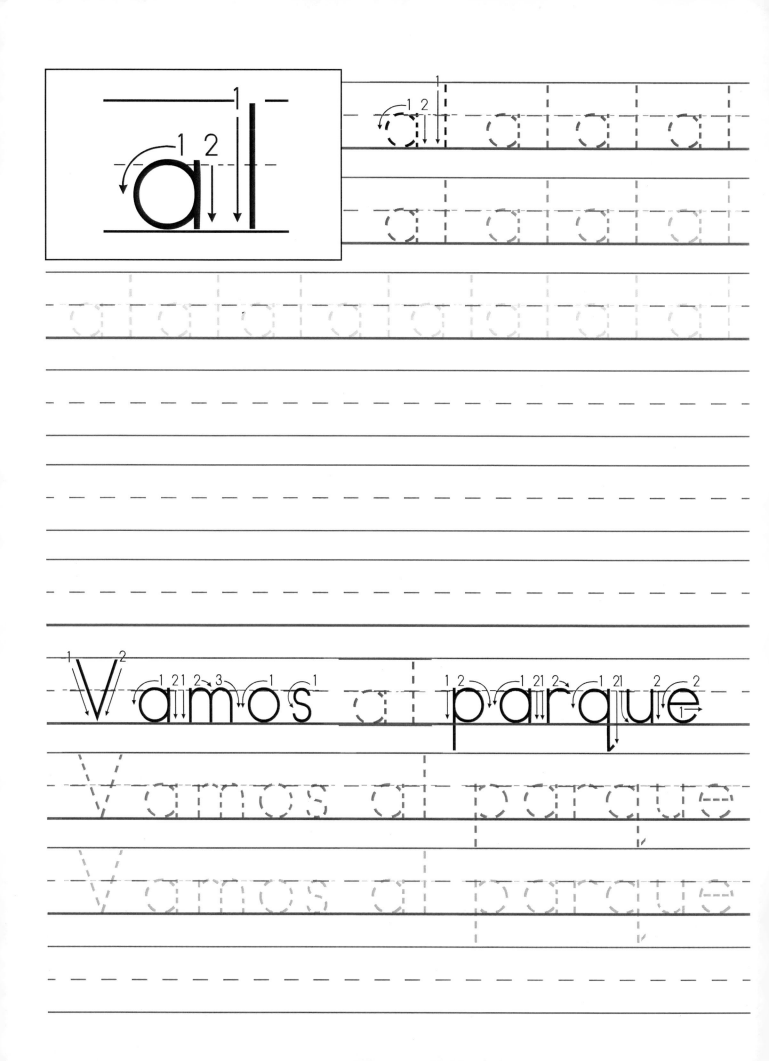

bueno

bueno

bueno

bueno bueno

Su consejo es bueno

Su consejo es bueno

Su consejo es bueno

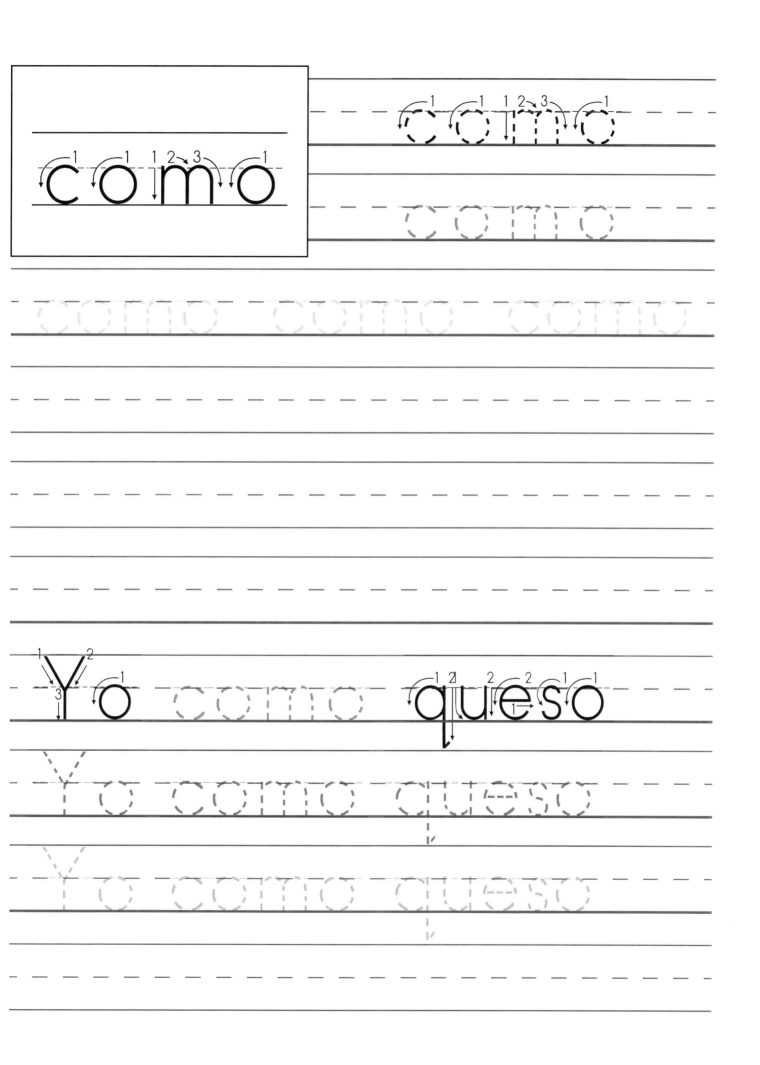

con con con

con con

con con con con

Pan con nueces

Pan con nueces

Pan con nueces

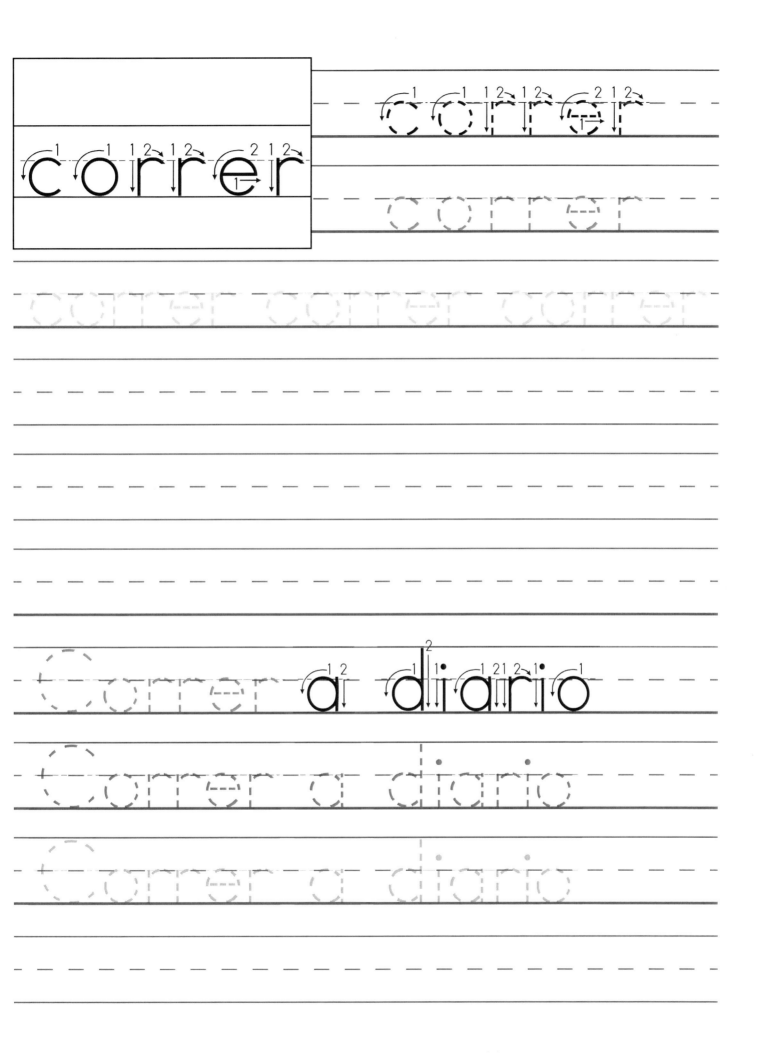

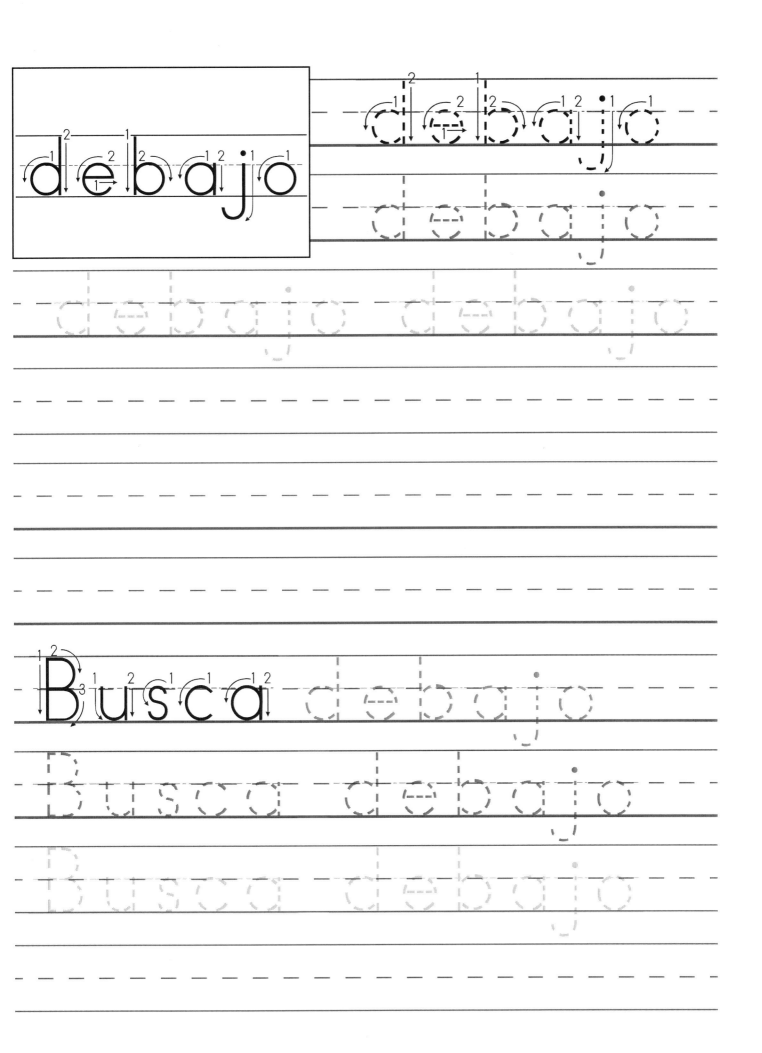

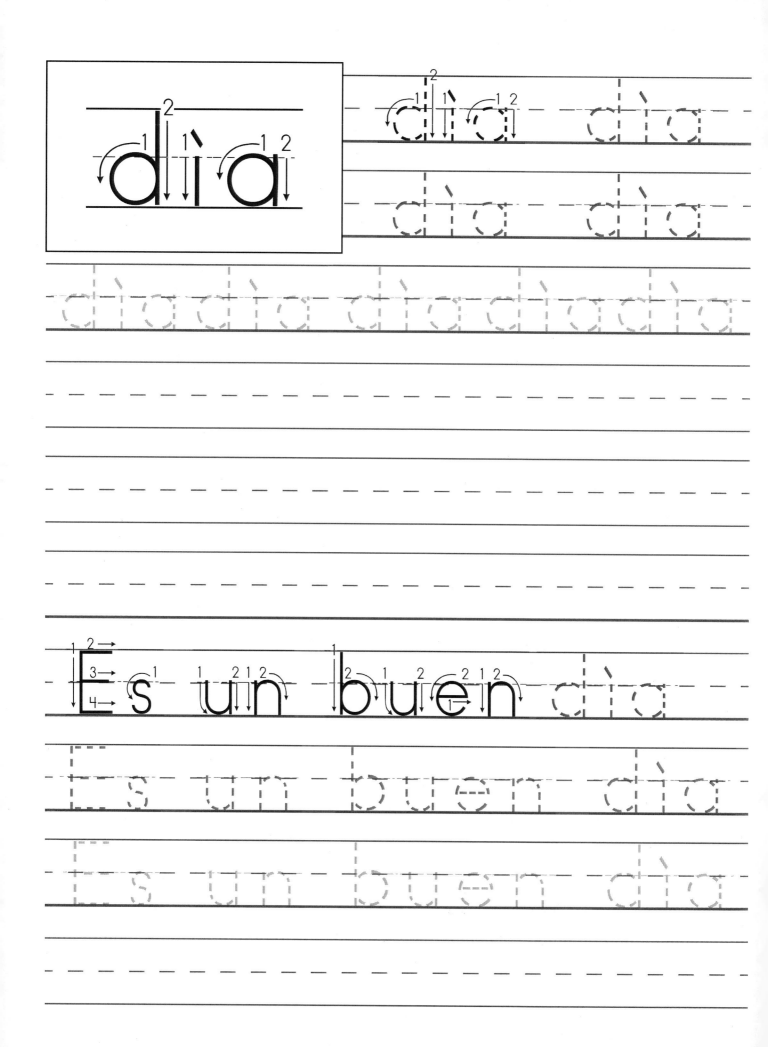

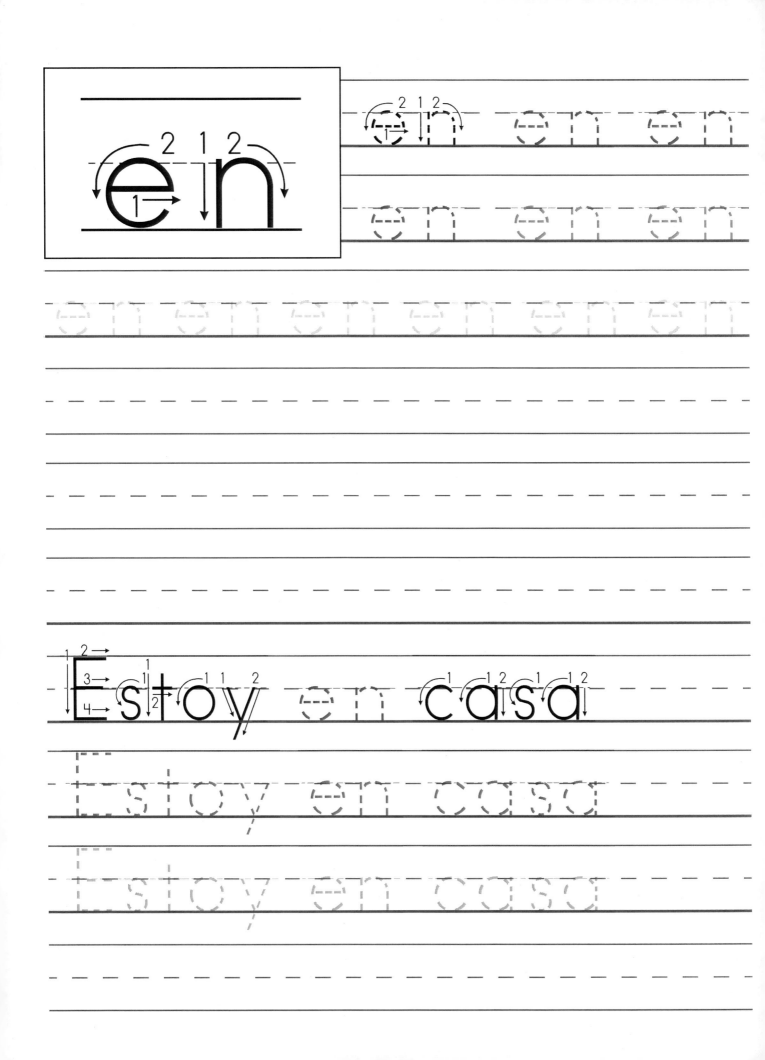

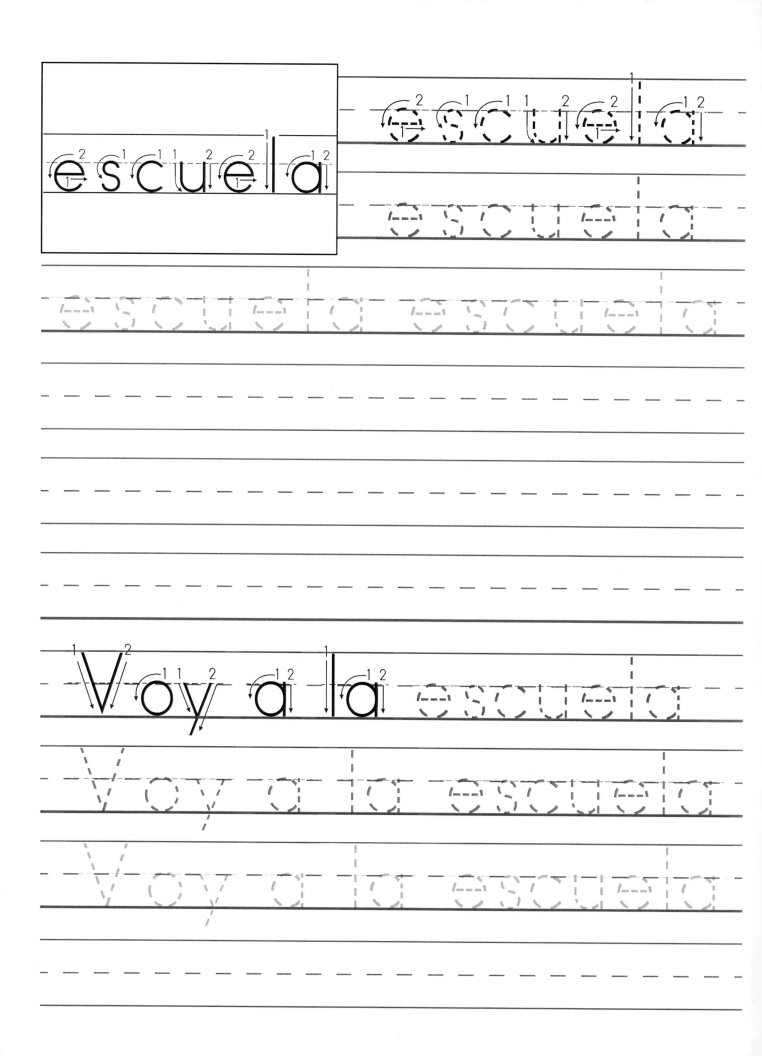

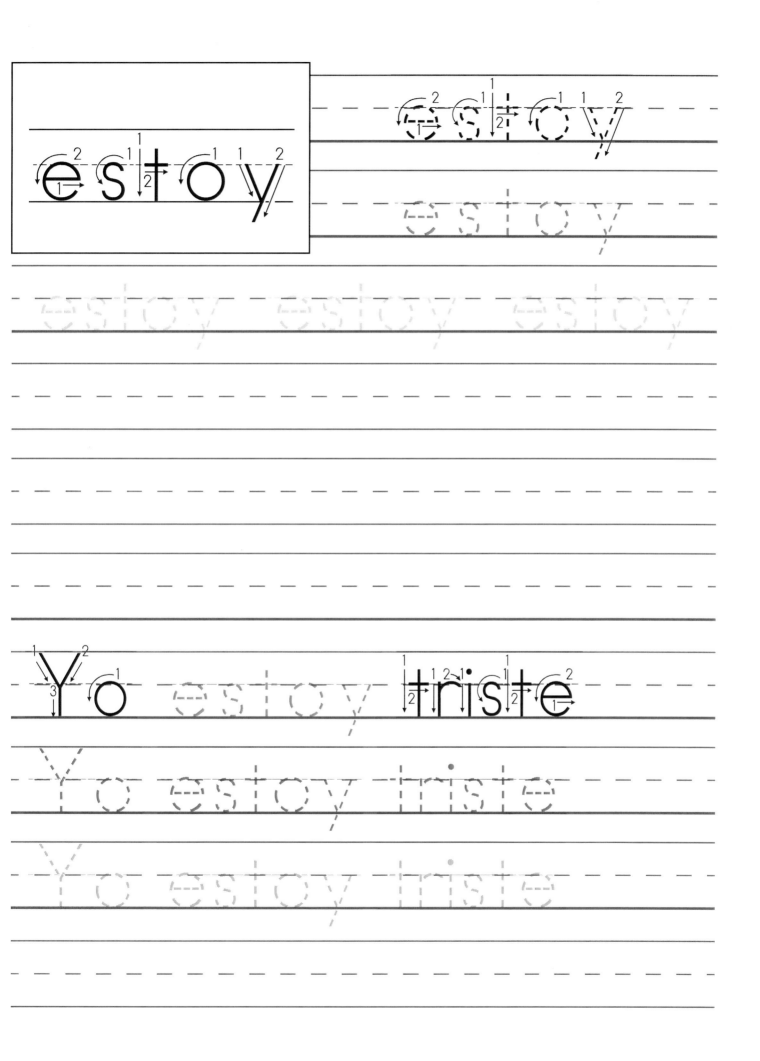

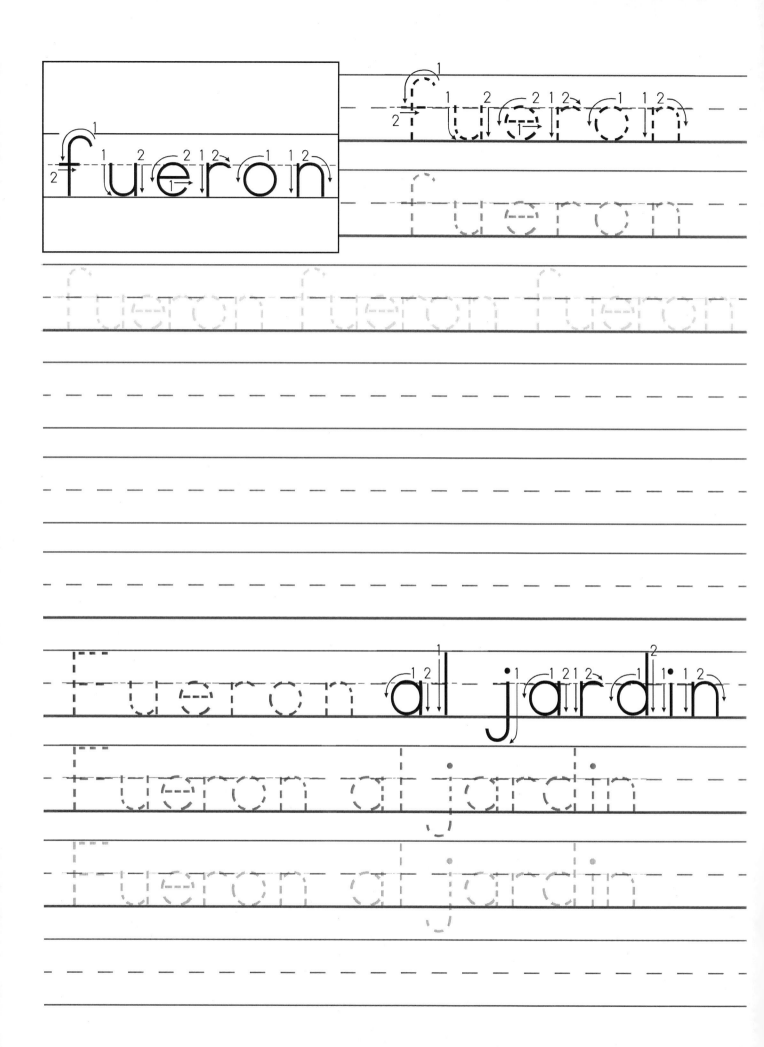

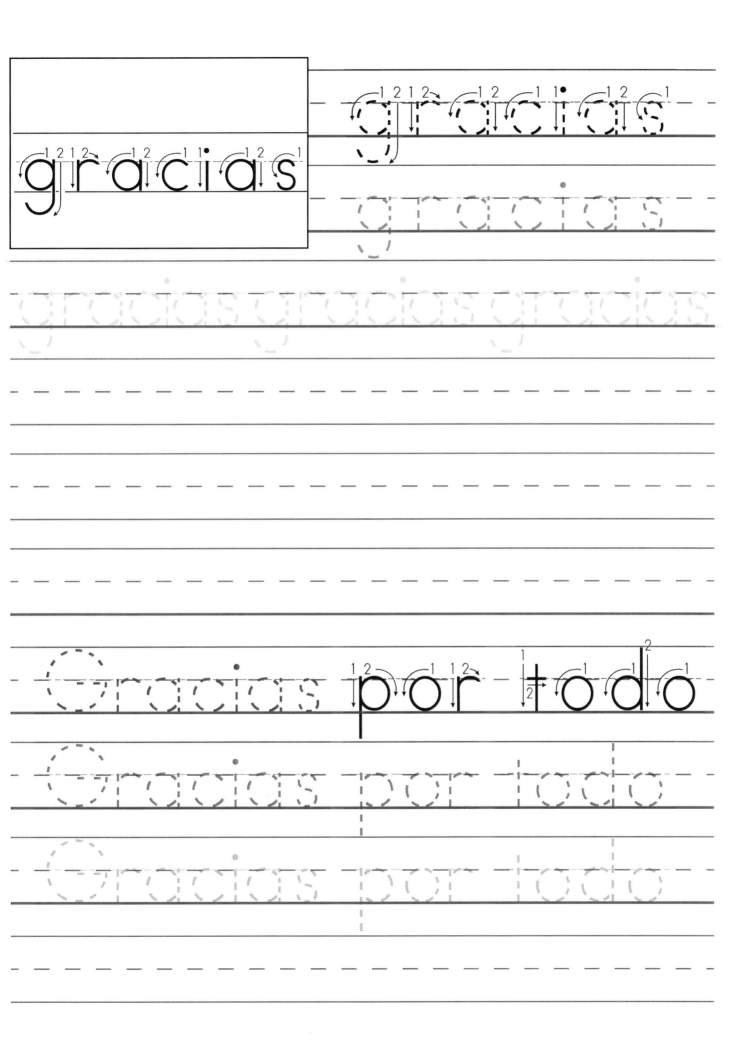

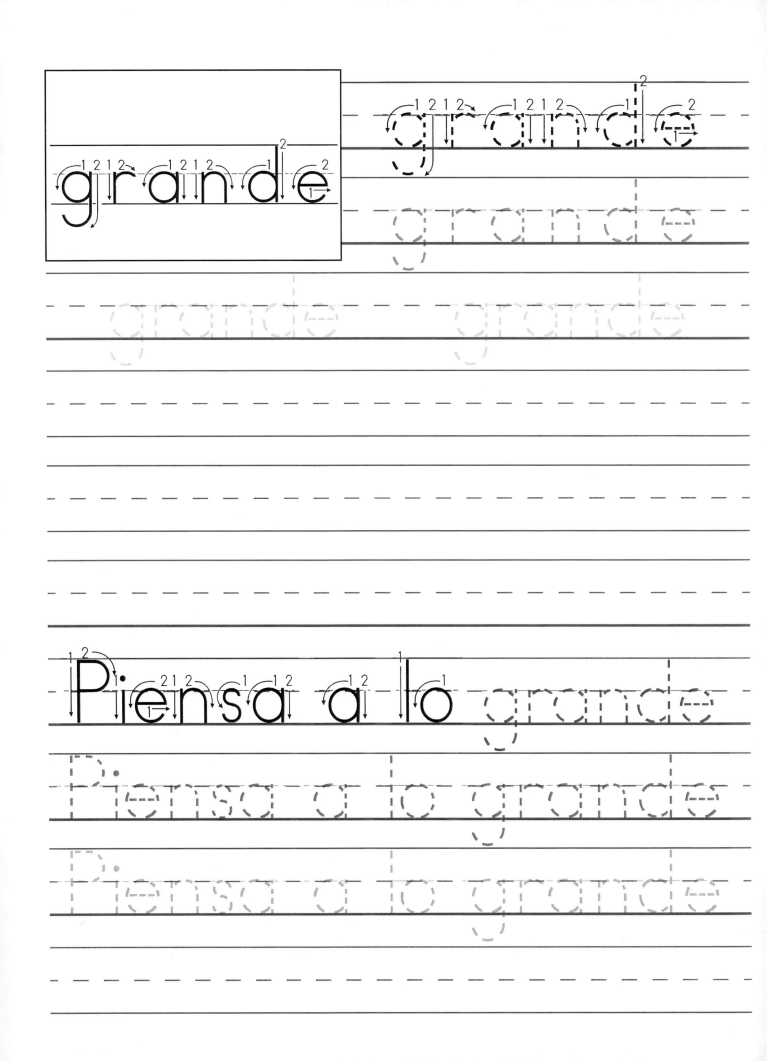

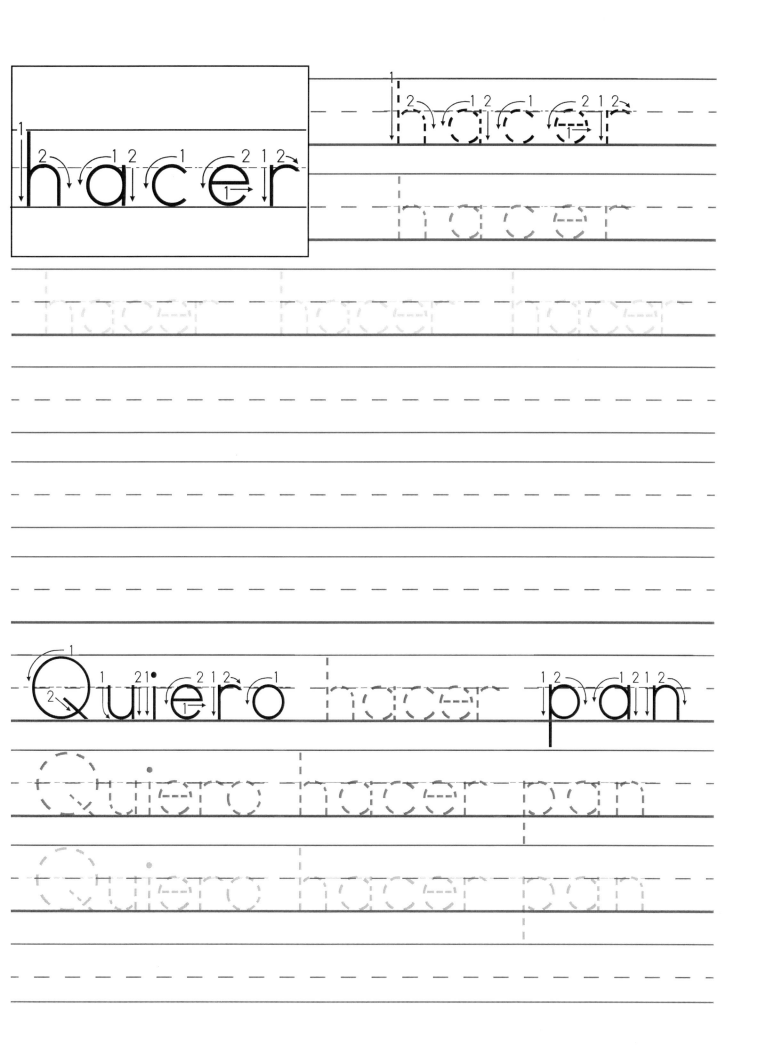

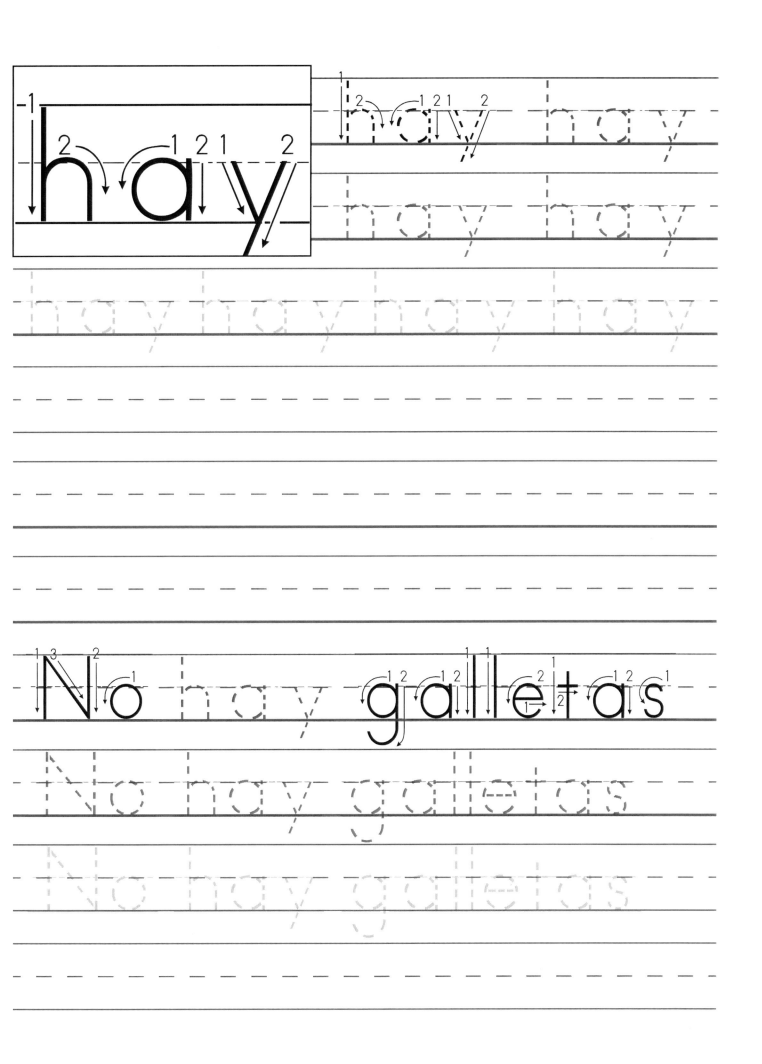

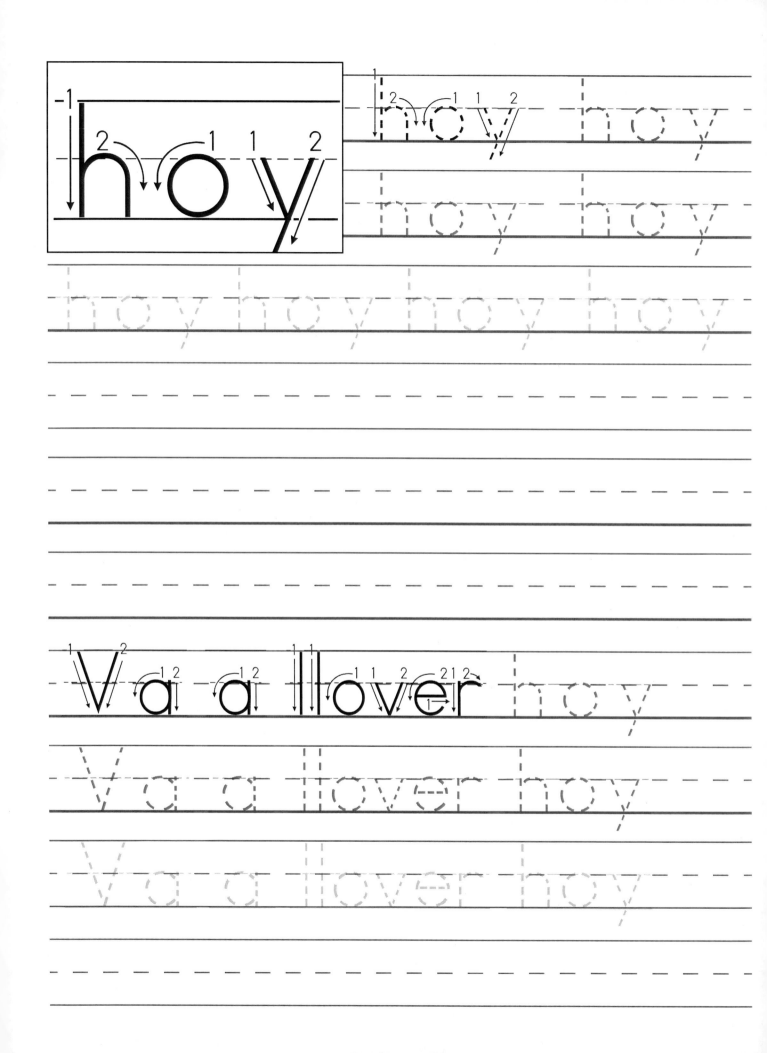

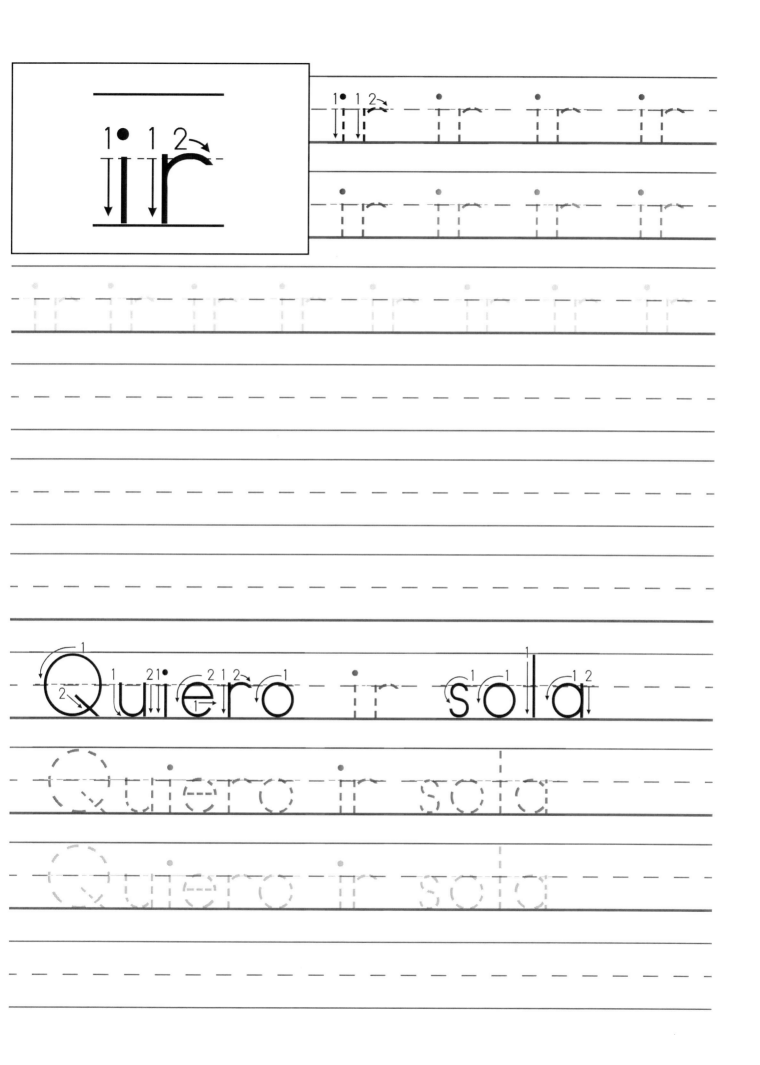

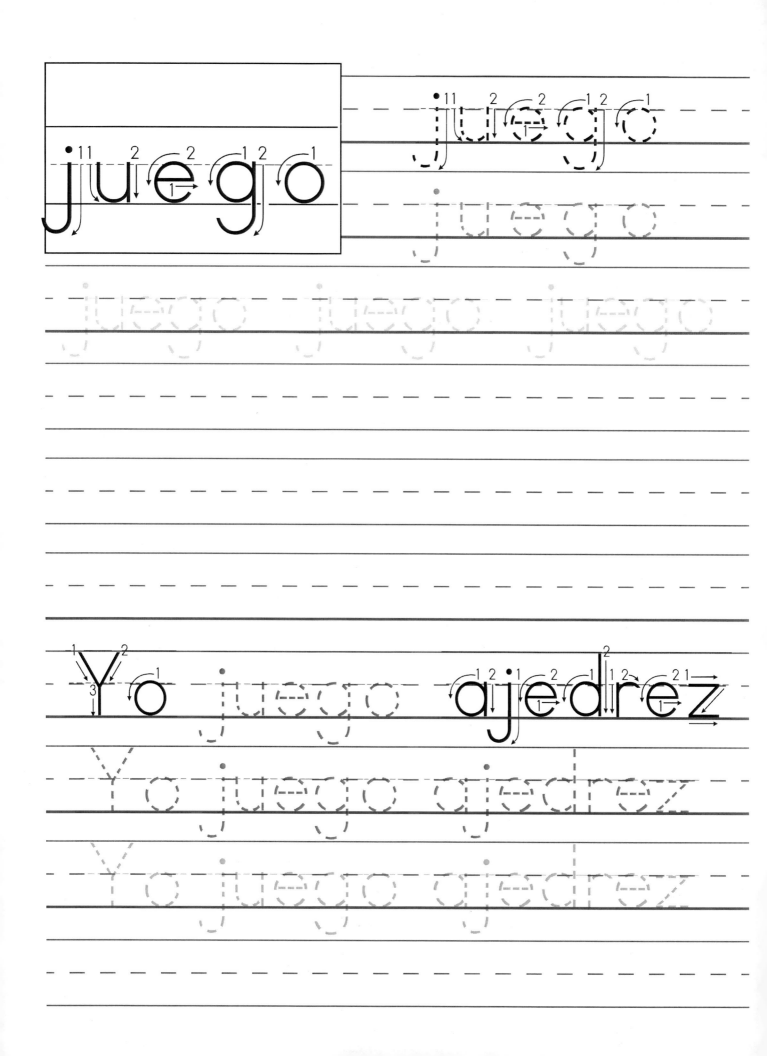

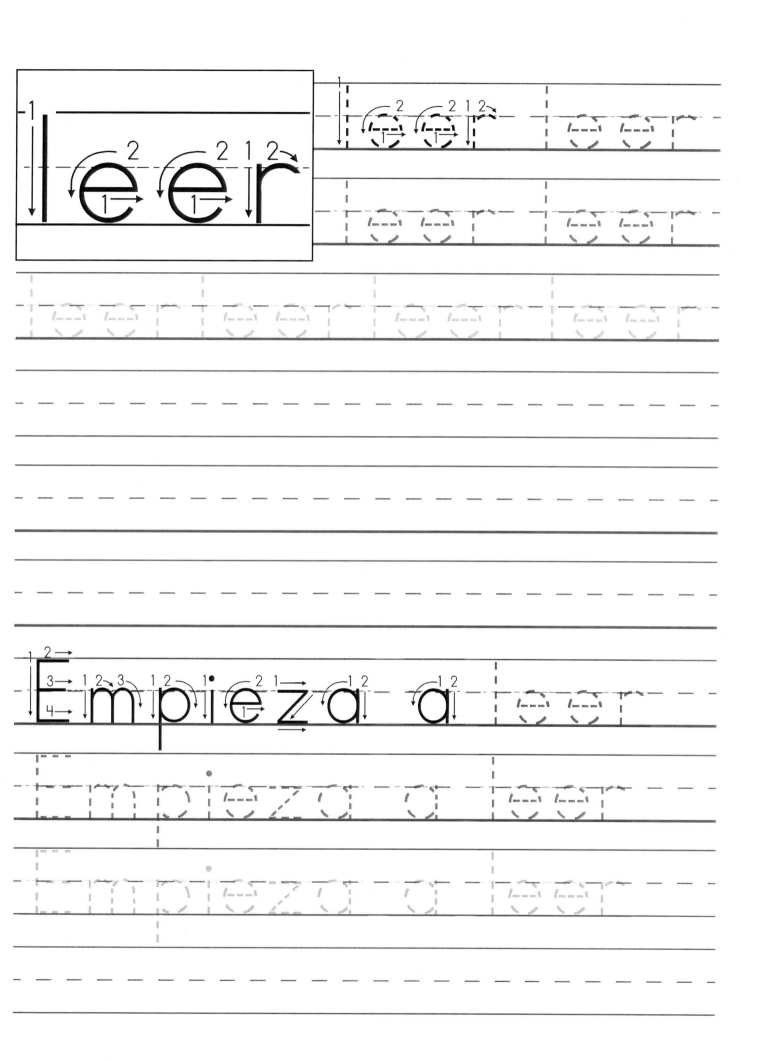

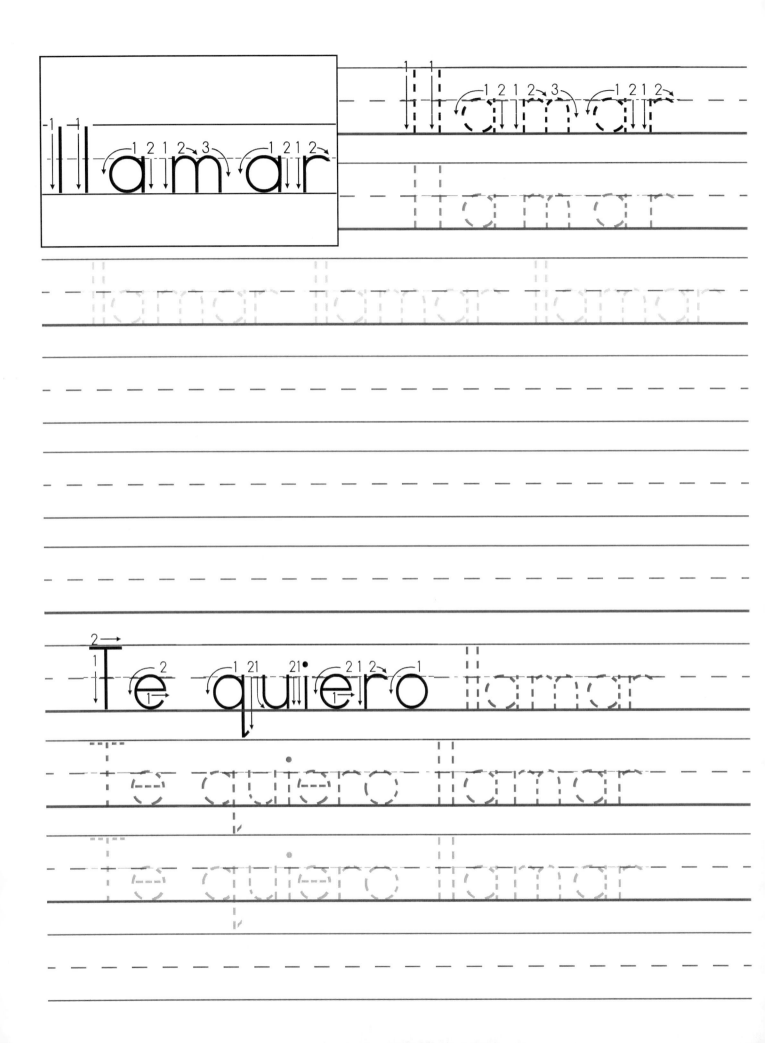

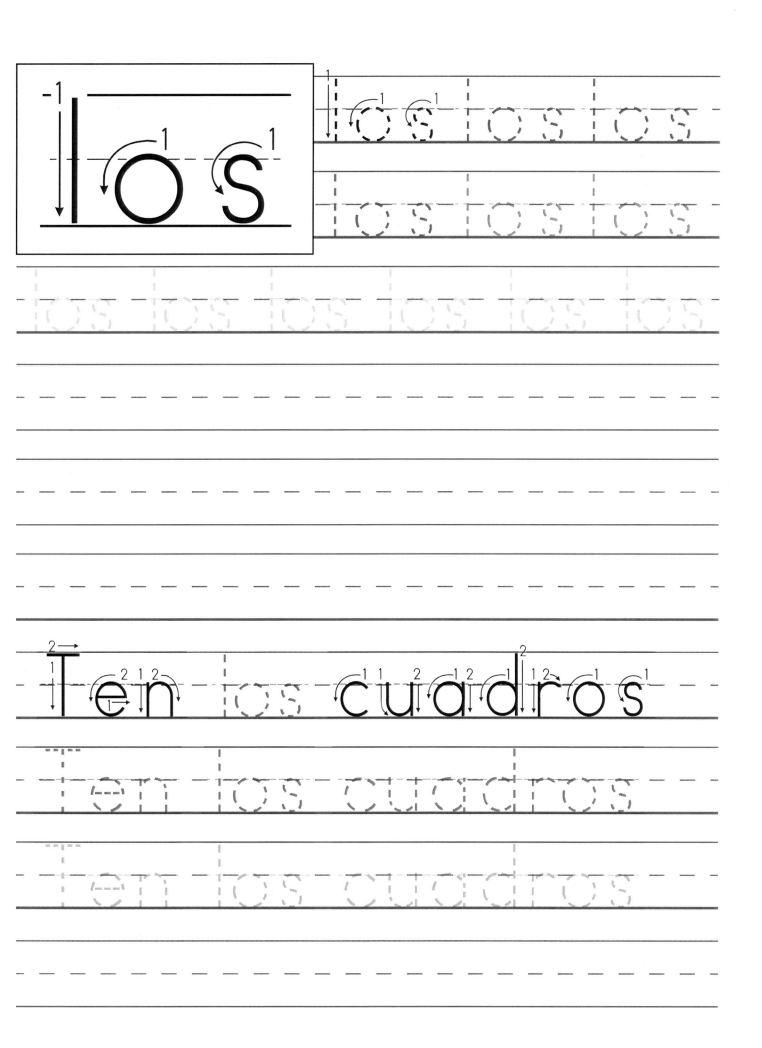

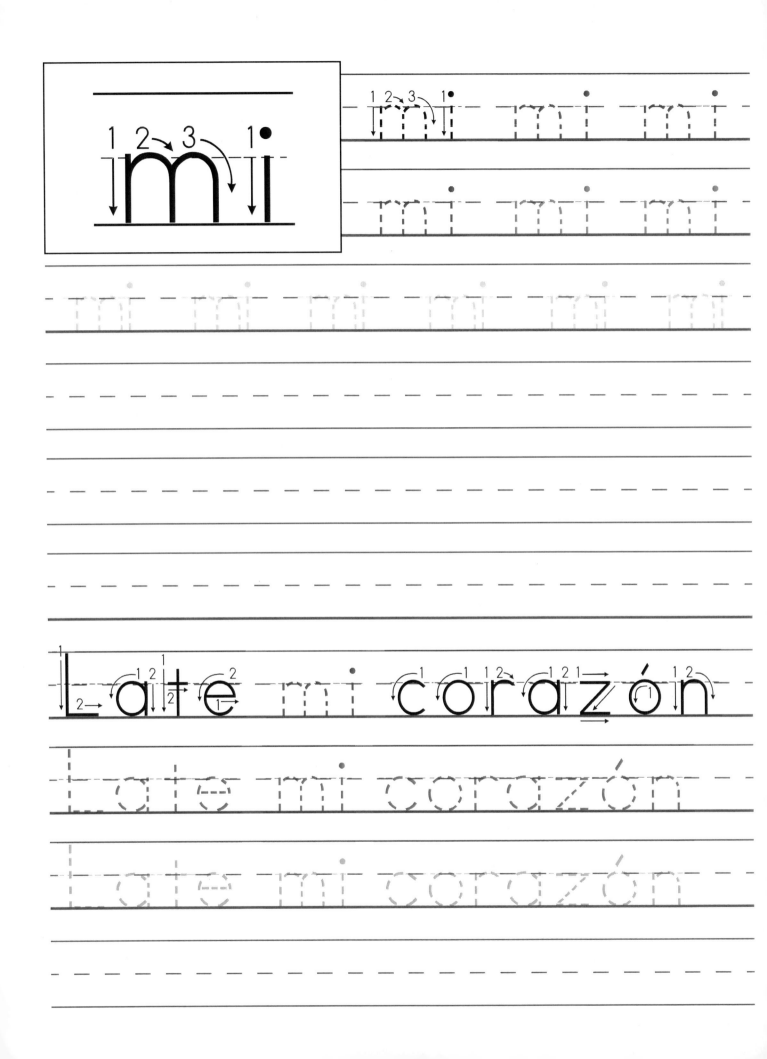

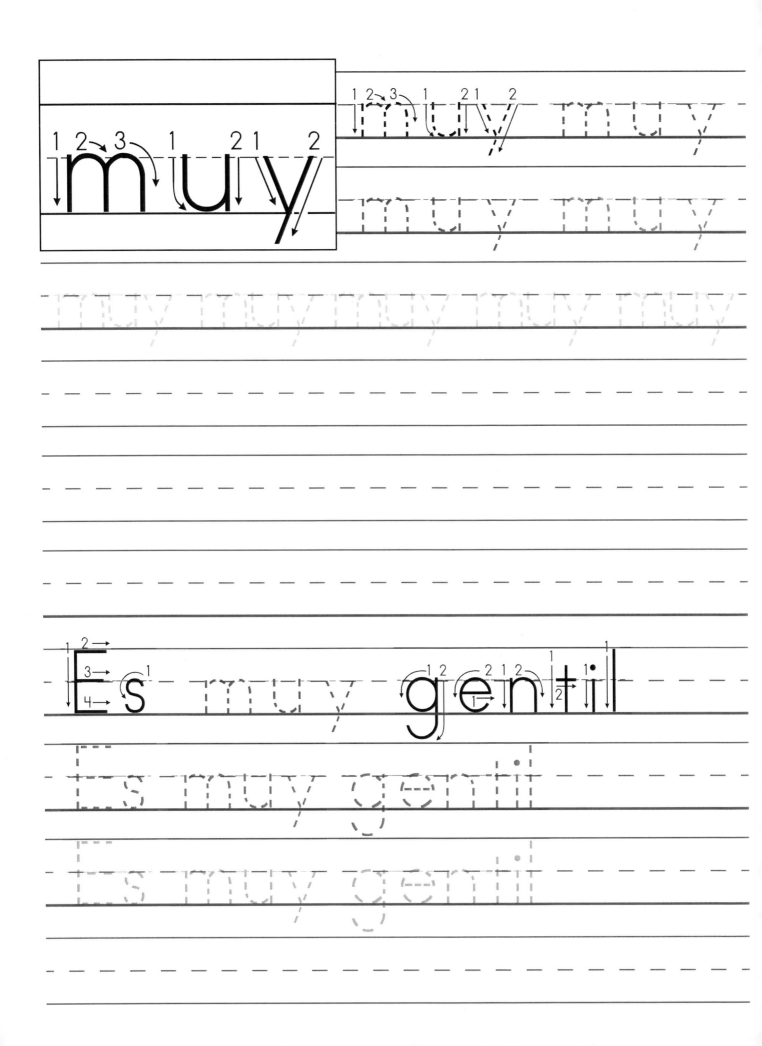

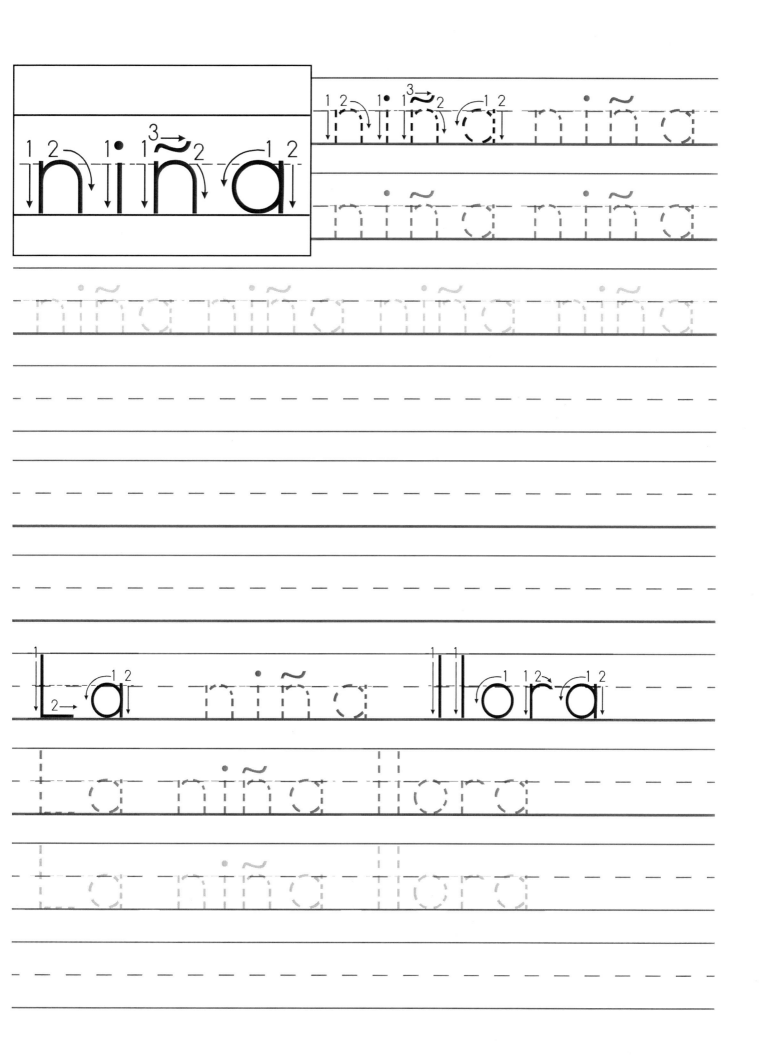

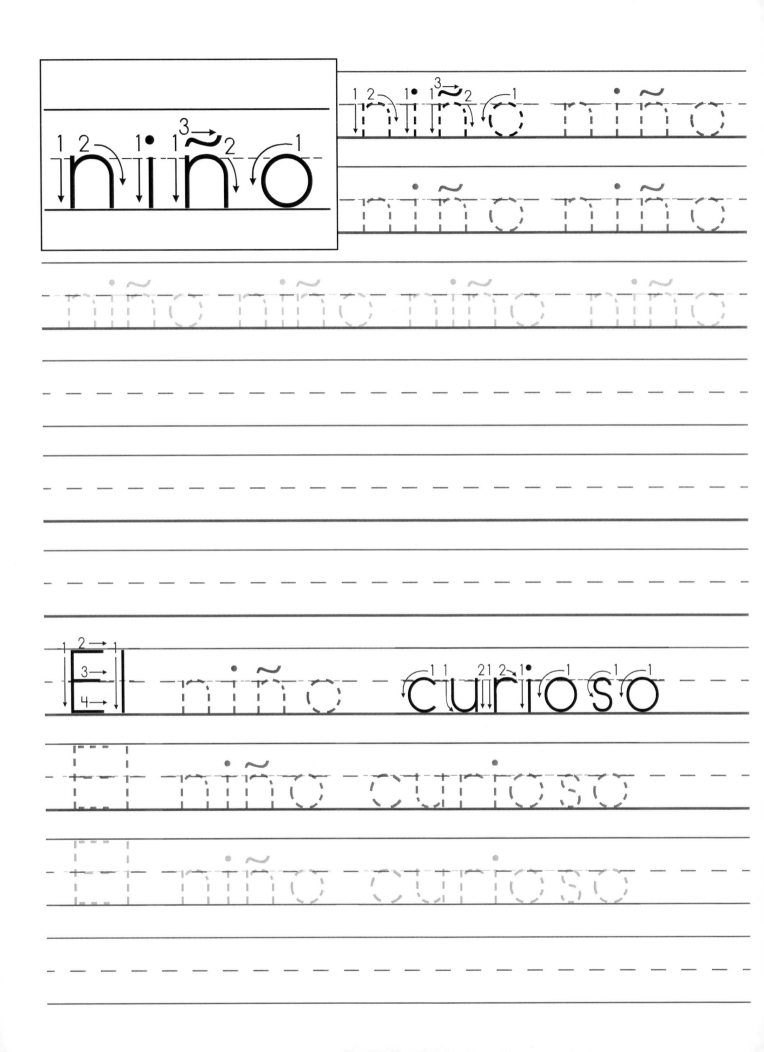

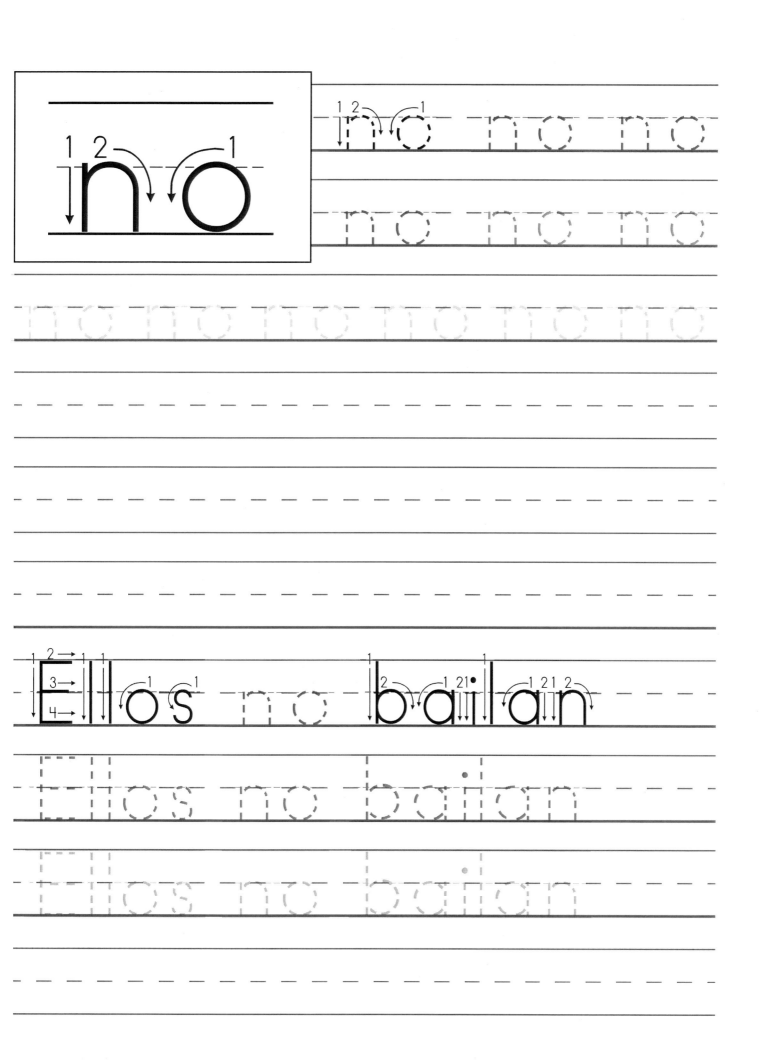

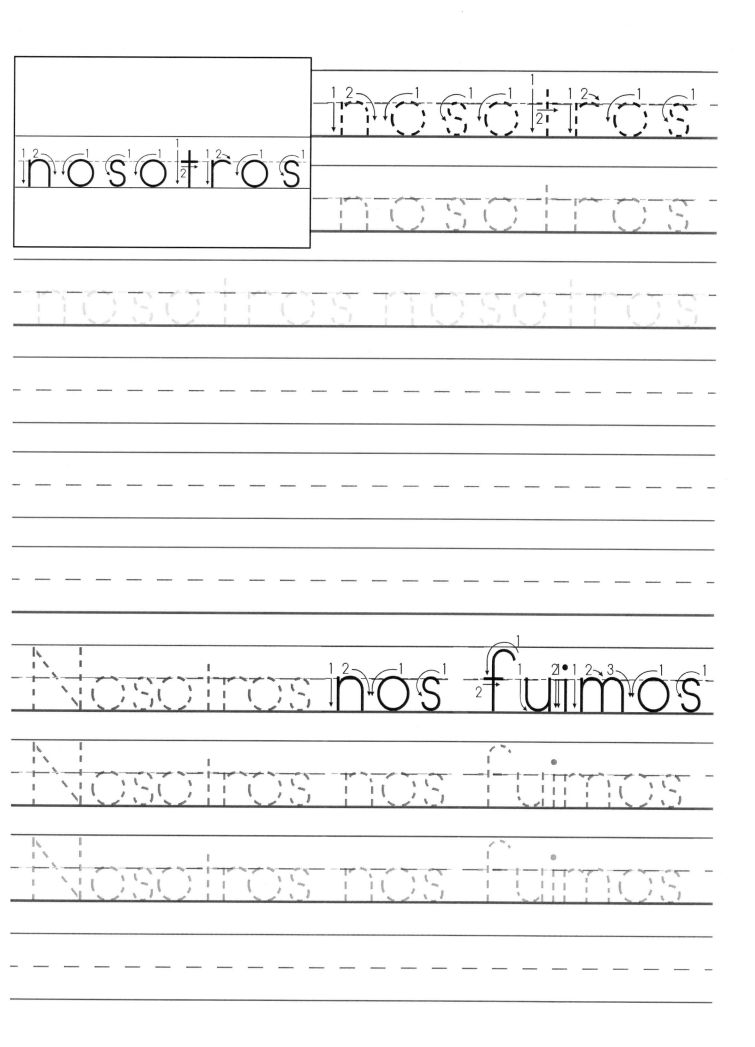

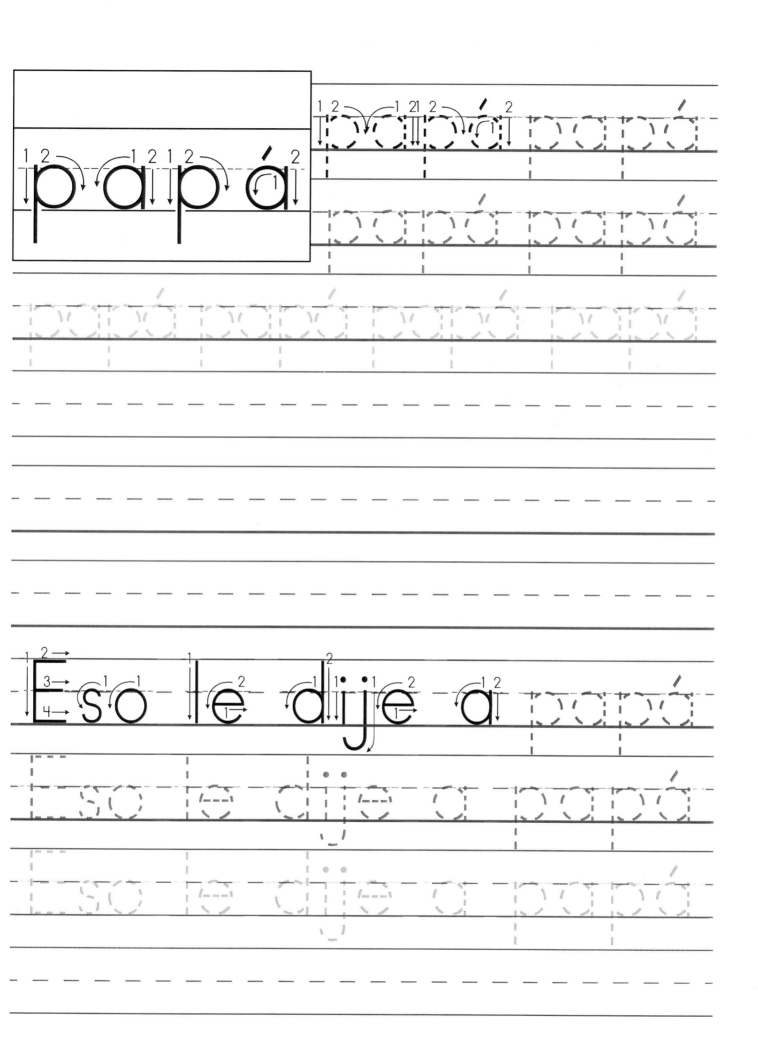

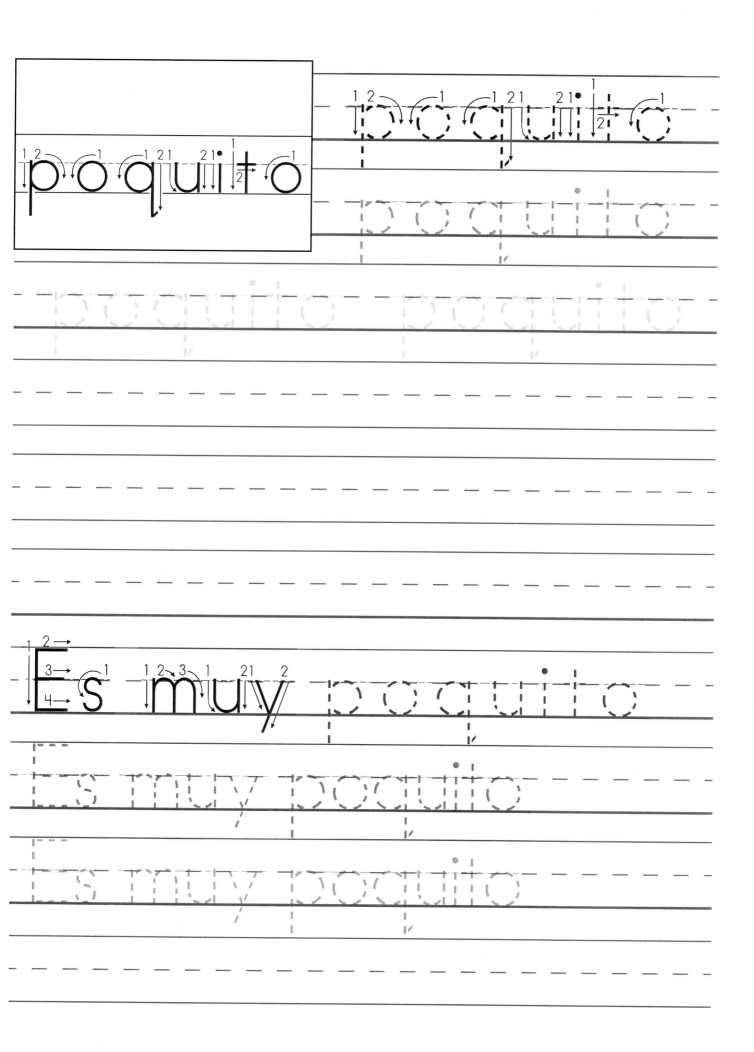

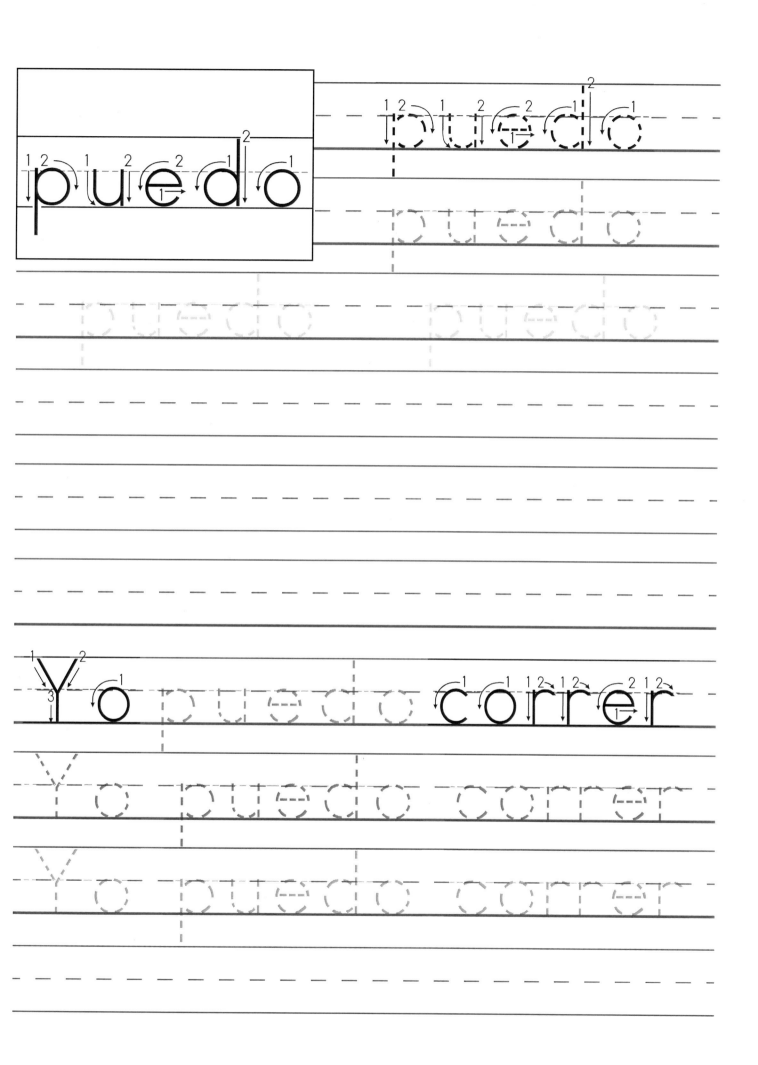

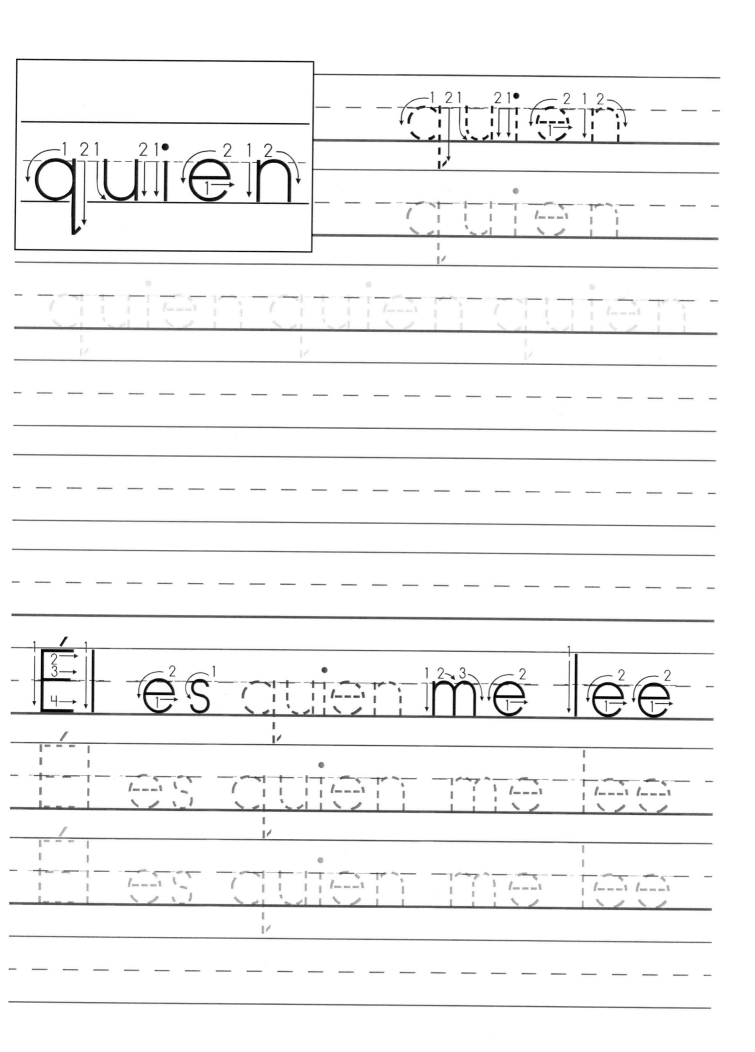

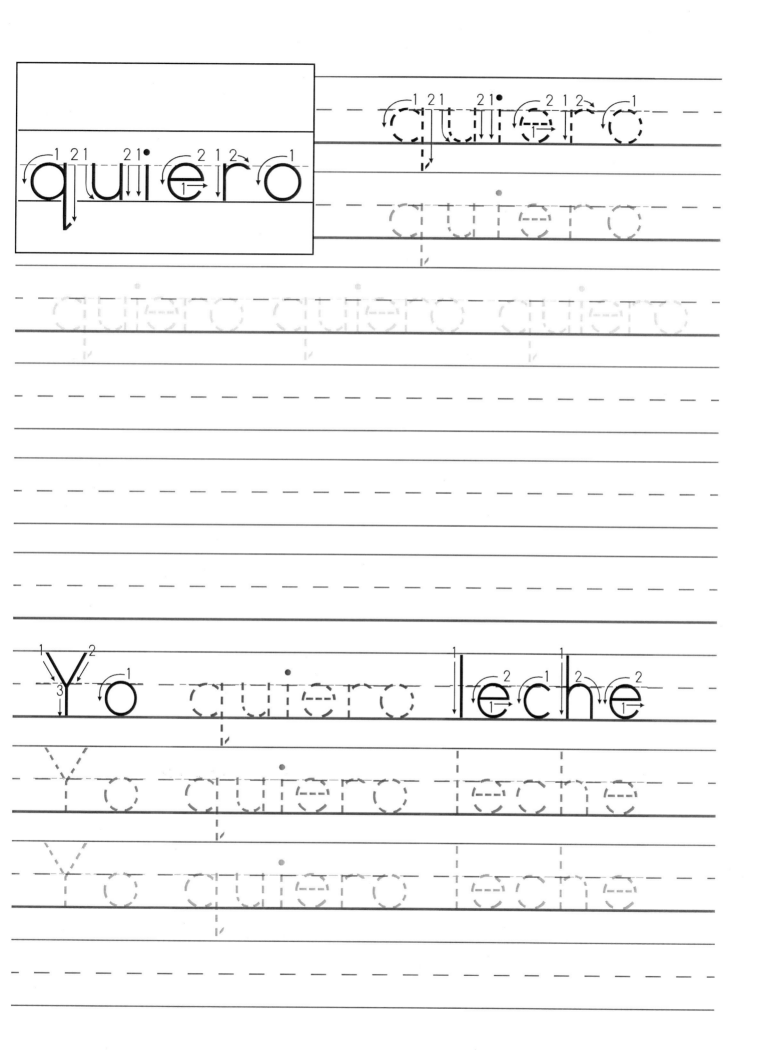

ropa

Compraré ropa

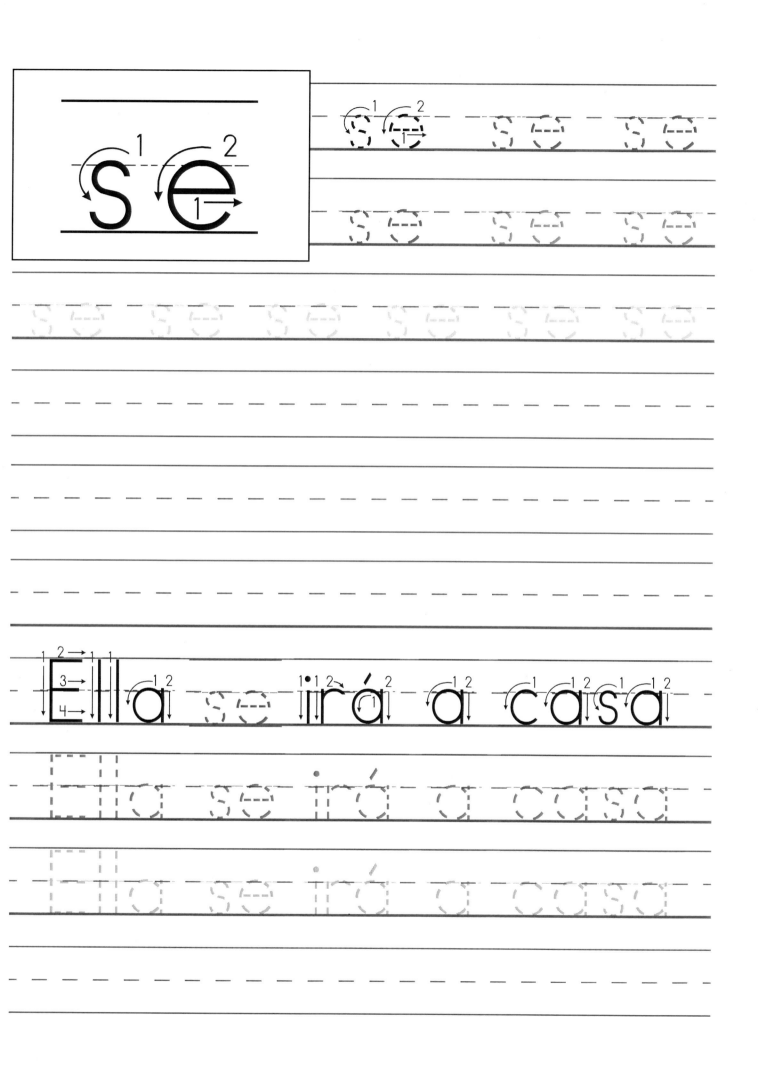

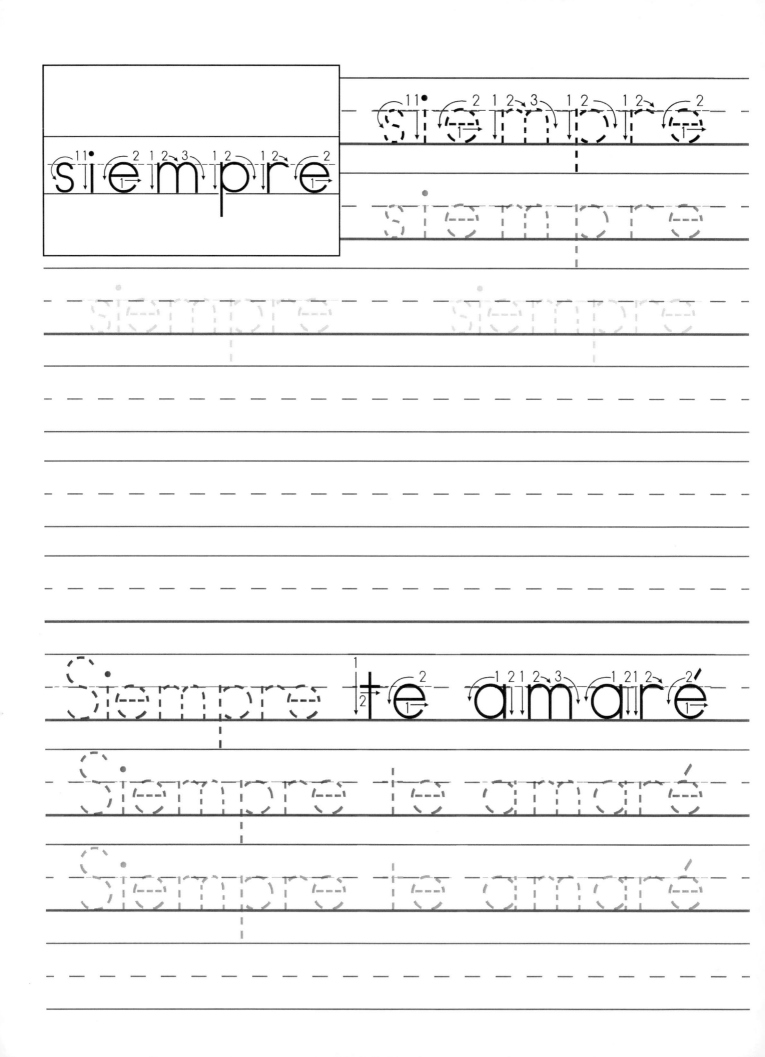

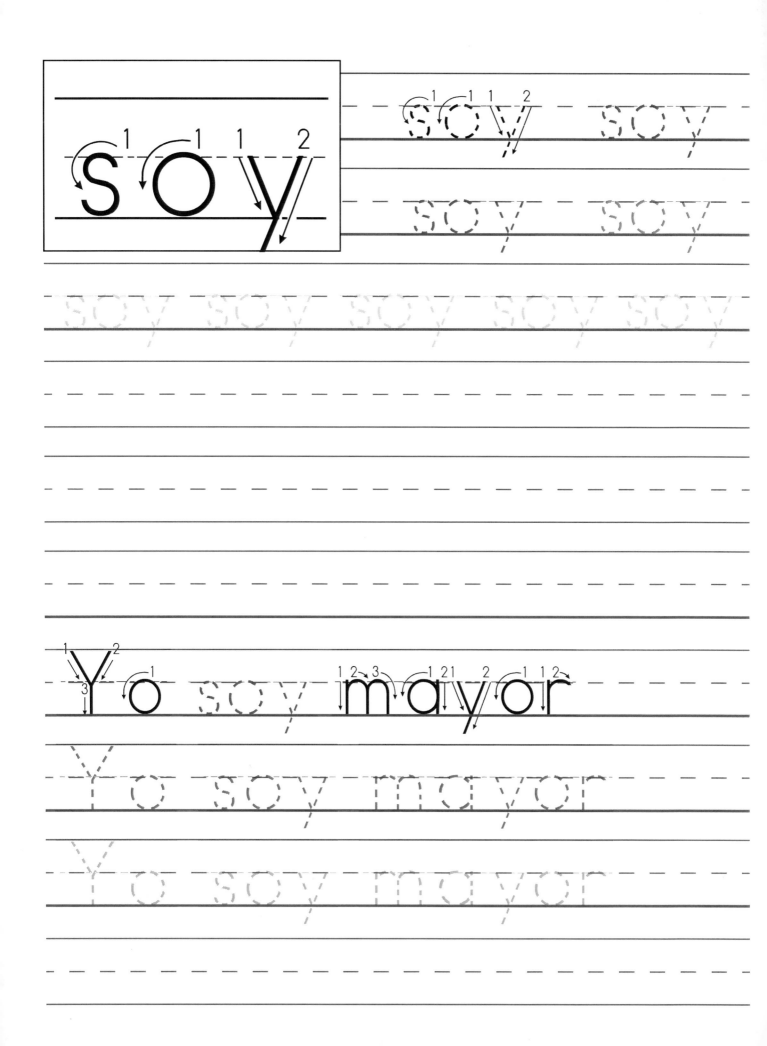

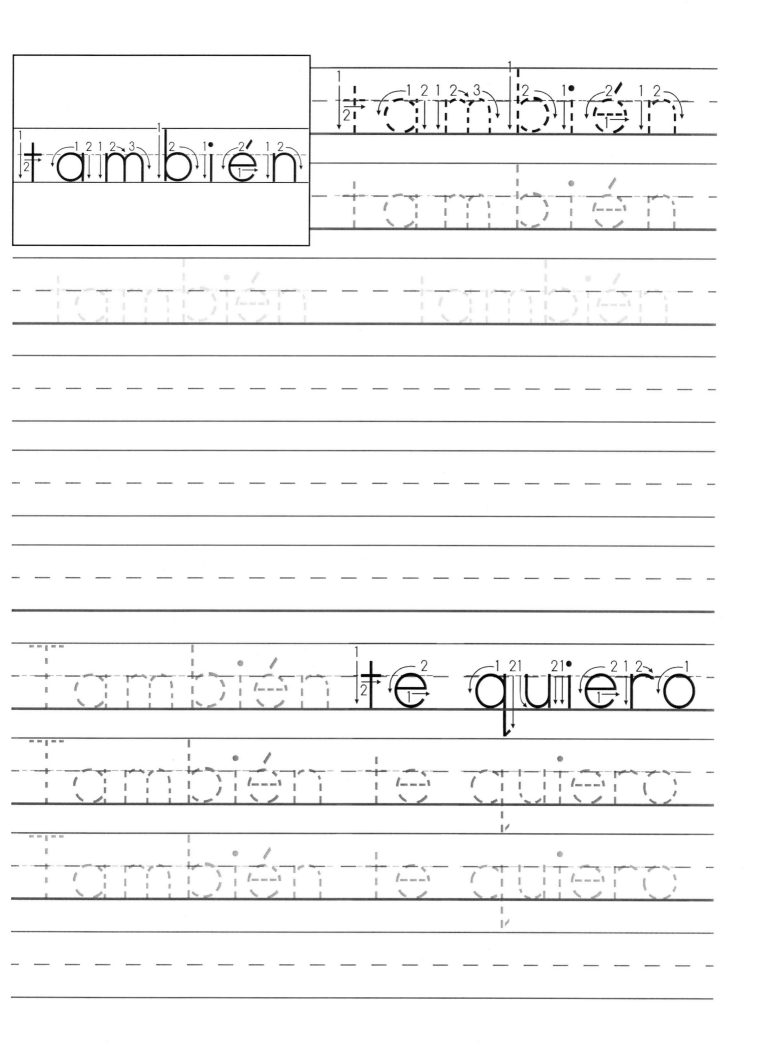

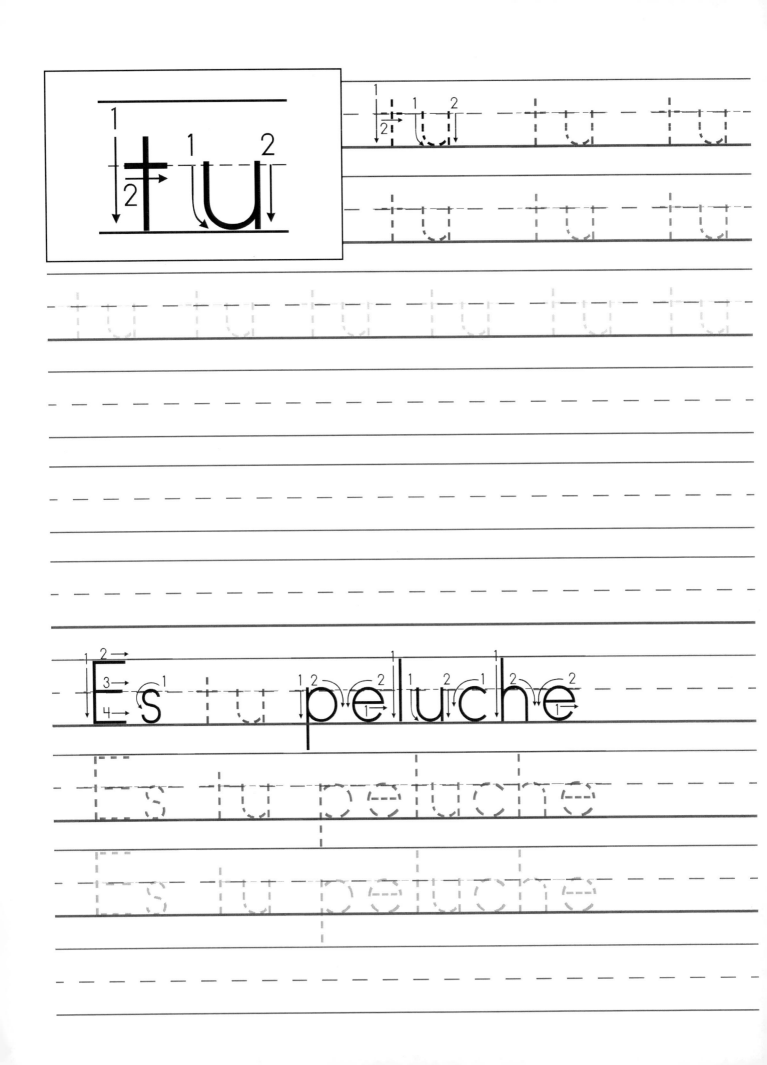

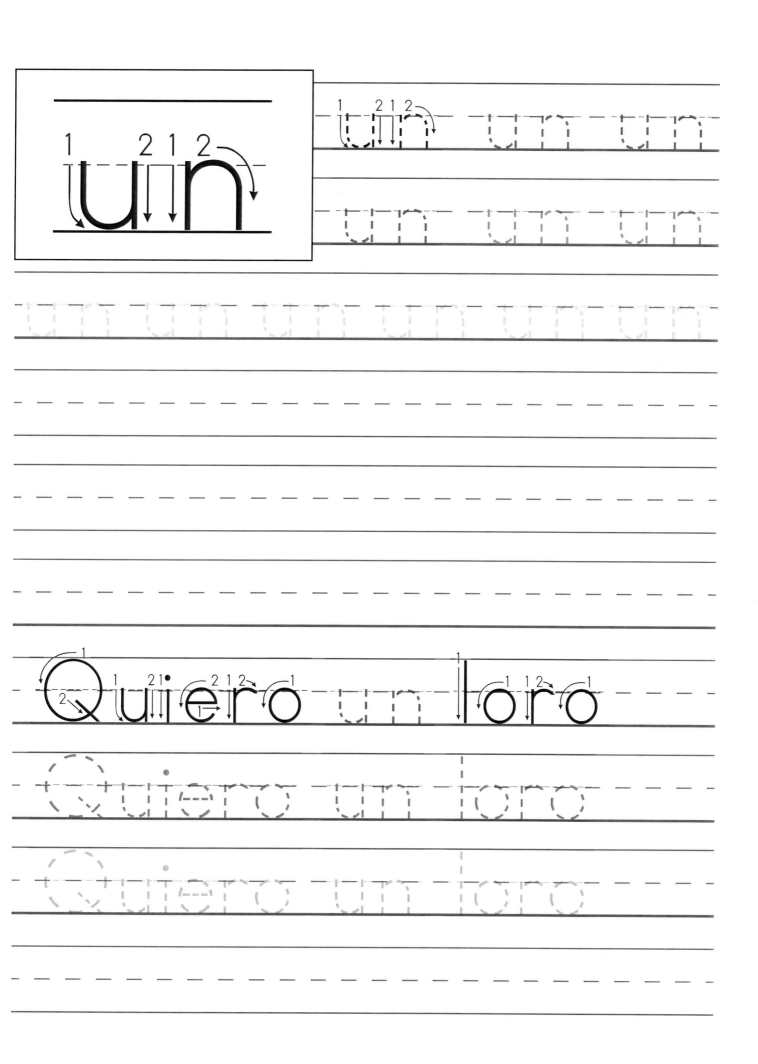

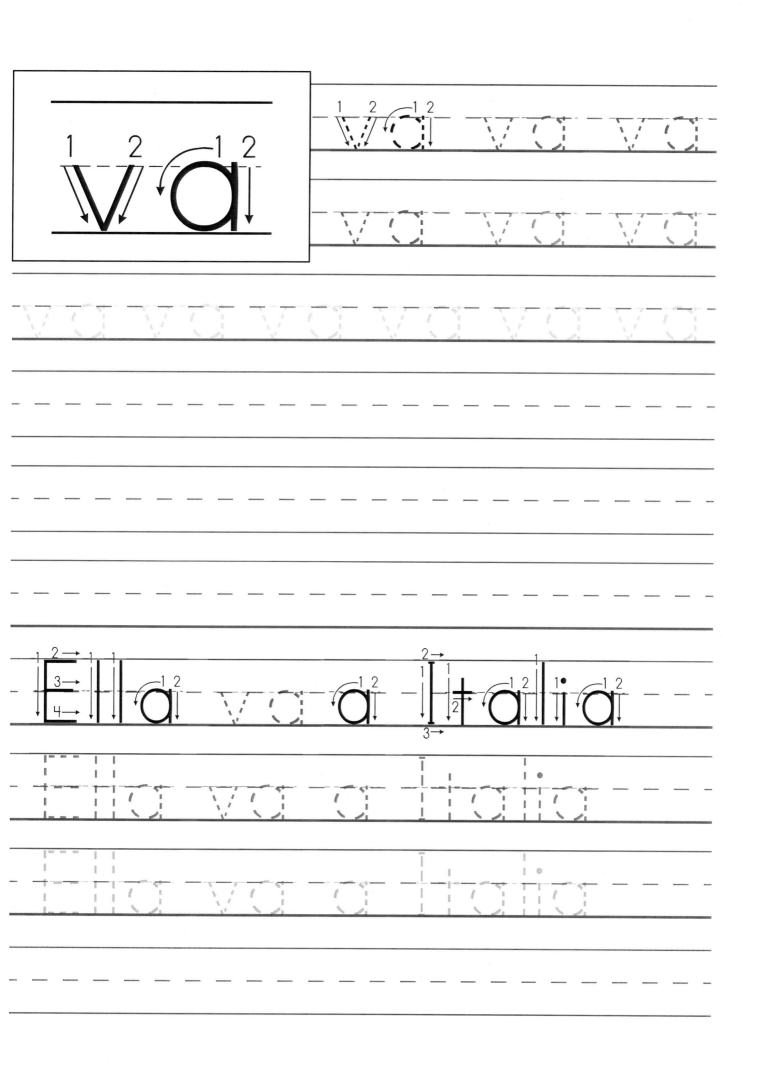

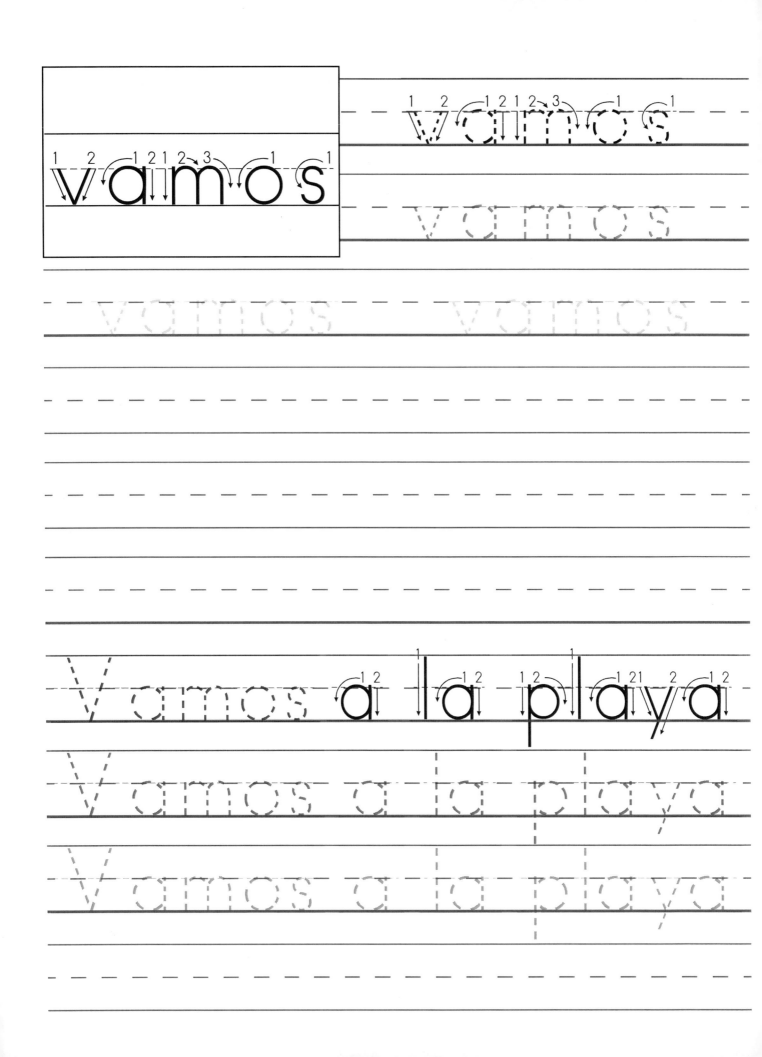

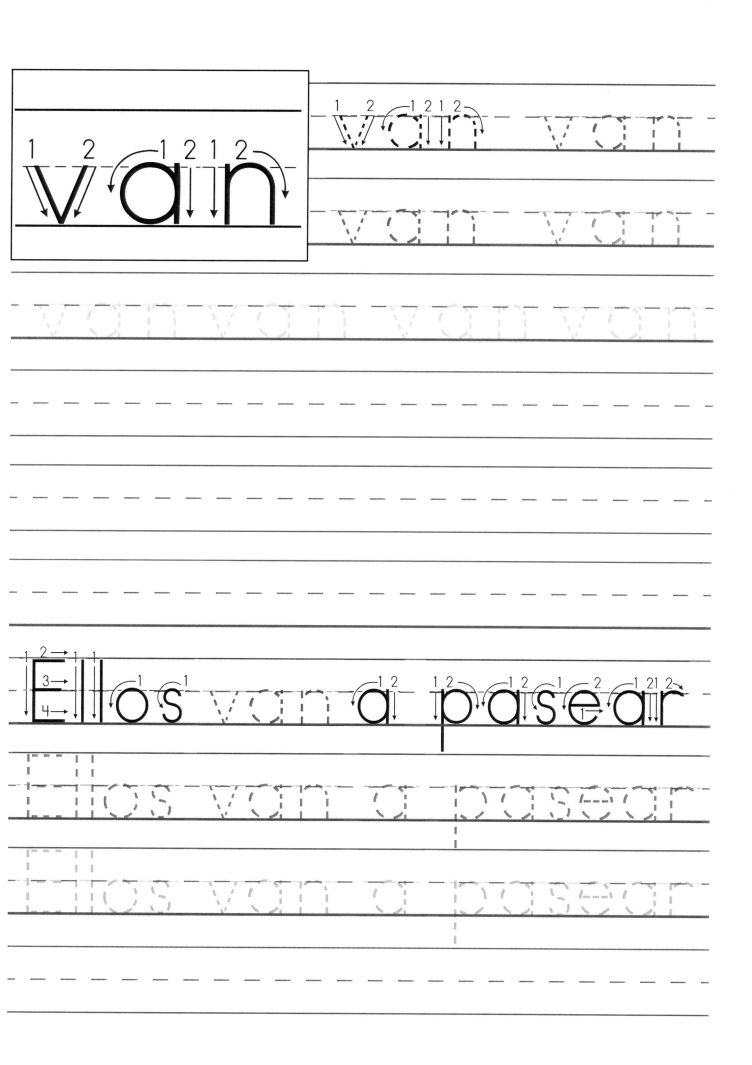

Made in United States
North Haven, CT
24 July 2025